Inhalt

Bilanzierung finanzieller Verbindlichkeiten - Änderungsvorschläge des IASB

Kernthesen

Beitrag

Fallbeispiele

Weiterführende Literatur

Impressum

Bilanzierung finanzieller Verbindlichkeiten - Änderungsvorschläge des IASB

Annett Kaindl

Kernthesen

- Das IASB hat den bereits bestehenden IFRS 9 um neue Vorschriften zur Bilanzierung finanzieller Verbindlichkeiten ergänzt.
- Im Besonderen regulieren die neuen Vorschriften die bilanzielle Berücksichtigung des eigenen Kreditrisikos bei Einsatz der Fair-Value-Option.
- Die derzeit überwiegende Bewertung

finanzieller Verbindlichkeiten zu fortgeführten Anschaffungskosten für die meisten Schulden wurde beibehalten.

Beitrag

IASB veröffentlicht Ergänzung zu IFRS 9 hinsichtlich Bilanzierung finanzieller Verbindlichkeiten

Das International Accounting Standards Board (IASB) hat den bestehenden, bereits im November 2009 veröffentlichten IFRS 9 "Finanzinstrumente" durch neue Vorschriften zur Bilanzierung finanzieller Verbindlichkeiten ergänzt. Damit wurde die erste der drei Phasen zur Überarbeitung der Bilanzierungsvorschriften für Finanzinstrumente, an deren Ende die vollständige Ersetzung des aktuell gültigen IAS 39 steht, abgeschlossen. Das IASB hat die bisherigen Vorschriften zur Bilanzierung von finanziellen Verbindlichkeiten im IAS 39 fast vollständig in IFRS 9 übernommen. (1), (2), (3)

Phase 1 beinhaltet die Regelungen zur Kategorisierung und Bewertung von Finanzinstrumenten, in Phase 2 erfolgt eine

Überarbeitung der Vorschriften zum Impairment, Phase 3 setzt sich mit dem Hedge Accounting auseinander. (1)

Bilanzierung finanzieller Verbindlichkeiten nach IFRS 9

Die Klassifikation gemäß IAS 39 wurde nach IFRS 9 übernommen und nimmt folgende Einordnung vor:

- Finanzielle Verbindlichkeiten, bilanziert zu fortgeführten Anschaffungskosten

- Finanzielle Verbindlichkeiten, bilanziert zum beizulegenden Zeitwert

- Finanzielle Verbindlichkeiten, die entstehen, wenn die Übertragung finanzieller Vermögenswerte nicht für eine Ausbuchung qualifiziert oder die Bilanzierung unter Zugrundelegung eines continuing involvement erfolgt

- Finanzgarantien

- Kreditzusagen, gewährt unter Marktzinssatz

Diese beim erstmaligen Ansatz vorgenommene Klassifikation ist unwiderruflich; eine spätere Umwidmung ist explizit untersagt. (1)

IFRS 9 schreibt zwingend eine Zeitwertbilanzierung

für derivative finanzielle Verbindlichkeiten vor, die sich auf nicht gehandelte und physisch zu erfüllende Eigenkapitalinstrumente eines anderen Unternehmens beziehen. Die bisherige Ausnahmeregelung des IAS 39, eine Bewertung zu Anschaffungskosten zu gestatten, falls der beizulegende Zeitwert nicht hinreichend verlässlich bestimmbar ist, entfällt. (1)

Während gemäß IFRS 9 für finanzielle Vermögenswerte die bisherigen Vorschriften gemäß IAS 39 zur Trennungspflicht von eingebetteten Derivaten aufgehoben wurden, ist eine analoge Neuregelung für finanzielle Verbindlichkeiten seitens des IASB unterblieben. Anwender müssen daher auch künftig in finanzielle Verbindlichkeiten eingebettete Derivate abspalten und gesondert bilanzieren; außer das Derivat ist eng mit dem Basisinstrument verbunden, oder die finanzielle Verbindlichkeit wird ohnehin mit dem beizulegenden Zeitwert unter der Fair-Value-Option bewertet oder als Handelsverbindlichkeit bilanziert. (1), (4)

Bilanzierung finanzieller Verbindlichkeiten zum beizulegenden Zeitwert

Die Voraussetzungen zur Nutzung der Fair-Value-

Option im Vergleich zu IAS 39 wurden nicht verändert. Wie bereits bisher kann ein Unternehmen die Fair-Value-Option auf finanzielle Verbindlichkeiten nur anwenden, um bestehende Ansatz- bzw. Bewertungsinkongruenzen (accounting mismatches) zu reduzieren oder die Bilanzierung finanzieller Verbindlichkeiten mit eingebetteten Derivaten zu vereinfachen. (2)

Bisher musste bei Anwendung der Fair-Value-Option gemäß IAS 39 eine Änderung des Marktwertes vollständig in der Gewinn- und Verlustrechnung erfasst werden. Zukünftig muss ein Unternehmen die Änderungen des Marktwertes grundsätzlich aufspalten, in Marktwertänderungen, die auf Änderungen des eigenen Kreditrisikos zurückzuführen sind, und in sonstige Zeitwertänderungen. Während erstere als Bestandteil des sonstigen Ergebnisses (other comprehensive income), und damit jahresüberschussneutral in einer Neubewertungsrücklage in der Bilanz zu bilanzieren sind, sind die verbleibenden Zeitwertänderungen weiterhin jahresüberschusswirksam in der Gewinn- und Verlustrechnung zu erfassen. (1), (4)

Eine spätere Erfassung der im sonstigen Ergebnis im Eigenkapital gebuchten Beträge als Aufwendungen bzw. Erträge (sog. recycling) ist explizit ausgeschlossen. Dies gilt auch für den Fall, dass ein Gewinn oder Verlust aus der Veränderung des eigenen Kreditrisikos durch Abwicklung oder Rückkauf der finanziellen Verbindlichkeit zum Fair Value tatsächlich realisiert wird. Lediglich eine Umbuchung innerhalb des Eigenkapitals - von der Neubewertungsrücklage in die Gewinnrücklagen - ist im Sinne eines Wahlrechts möglich. (2)

Um den Bewertungseffekt aus Änderungen des eigenen Kreditrisikos zu quantifizieren, sieht IFRS 9 eine Übernahme der bereits bestehenden Vorschriften des IFRS 7 vor. IFRS 7 war bisher die Grundlage zur Ermittlung der notwendigen Anhangangaben. Diese Vorschriften gewähren dem Bilanzierenden einen breiten Spielraum. (1), (2)

Vom Grundsatz der Aufspaltung der Zeitwertänderungen bei Anwendung des Fair Values bei finanziellen Verbindlichkeiten sieht IFRS 9 zwei Ausnahmen vor: Die Vorgehensweise würde zu einem accounting mismatch führen, oder ein Unternehmen wendet die Fair-Value-Option auf Kreditzusagen und Finanzgarantien an. (1), (3)

Anhangsangaben

Bisher mussten für finanziellen Verbindlichkeiten, die nach der Fair-Value-Option bilanziert wurden, im Anhang die Zeitwertänderungen, die aus Veränderungen des eigenen Kreditrisikos resultierten, für die jeweilige Berichtsperiode und auf kumulierter Basis angegeben werden. Diese Anhangangabe wurden dahingehend modifiziert, dass zukünftig nur noch die kumulierten bonitätsbedingten Zeitwertänderungen der finanziellen Verbindlichkeiten im Rahmen der Fair-Value-Option anzugeben sind. Eine Angabe der bonitätsbedingten Zeitwertänderung während der Berichtsperiode erübrigt sich, da diese über die Neubewertungsrücklage transparent wird. Die Anhangsangaben wurden um eine verpflichtende Angabe bezüglich etwaiger Umbuchungen aus der Neubewertungsrücklage in die Gewinnrücklagen auf kumulierter Basis unter Angabe der Gründe erweitert. (1)

Die bisherigen verpflichtenden Anhangsangaben zu den Methoden, wie ein Unternehmen die Bewertungseffekte aus Veränderungen des eigenen Kreditrisikos ermittelt, bleiben grundsätzlich bestehen, erfuhren jedoch einen weitergehenden Detaillierungsgrad. Explizit werden zukünftig detaillierte Beschreibungen der Methoden sowie eine Begründung zur Angemessenheit der gewählten Methode gefordert. (1)

Kritik

Mit der vorgeschlagenen Erfassung der

Bewertungseffekte aus Änderungen des eigenen Kreditrisikos im Eigenkapital in einer weiteren Neubewertungsreserve hat das IASB einen zentralen Kritikpunkt an der Fair-Value-Option auf eigene finanzielle Verbindlichkeiten beseitigt. Allerdings wurde die Grundproblematik ins Eigenkapital verlagert. Verliert eine finanzielle Verbindlichkeit an Wert, so wird die finanzielle Verbindlichkeit abgewertet und der auf das eigene Kreditrisiko entfallende Bewertungsanteil als positive Neubewertungsreserve im Eigenkapital ausgewiesen. Eine Verschlechterung der Bonität führt somit zu einem höheren Eigenkapital. Im Rahmen einer Finanzanalyse muss eine Anpassung des Eigenkapitals vorgenommen werden, um bilanzbezogene Finanzkennzahlen nicht zu verzerren. (1), (2)

Trends

IFRS 9 sieht eine verpflichtende Erstanwendung des neuen Standards zusammen mit den Regelungen zur Kategorisierung und Bewertung von Finanzinstrumenten, zum Impairment sowie zum Hedge Accounting für Geschäftsjahre vor, die am oder nach dem 01.01.2013 beginnen. Ob sich möglicherweise aus Verzögerungen bei der Finalisierung der Phasen 2 und 3 Auswirkungen auf den Erstanwendungszeitpunkt des IFRS 9 ergeben, bleibt abzuwarten. Erste Tendenzen zu einer Verschiebung zeichnen sich ab. (2)

Für Unternehmen innerhalb der EU, die nach IFRS bilanzieren, ist zur Anwendung von IFRS 9 noch das Endorsement durch die EU erforderlich. Die EU-Kommission hat das Endorsement von IFRS 9 bis auf Weiteres verschoben. (2)

Fallbeispiele

Buchungsbeispiel:
Ein Unternehmen emittiert am 01.01.20X1 eine Anleihe zum Fair Value von 1 000 Geldeinheiten (GE) und einer jährlichen fixen Verzinsung von zehn Prozent. Dem Unternehmen entstehen dabei keine Kosten und Gebühren. Am 31.12.20X1 beträgt der Fair Value der Anleihe 950 GE. Die Änderung des Fair Value ist mit 20 GE auf Marktzinsänderungen und mit 30 GE auf eine Änderung des eigenen Kreditrisikos des Unternehmen zurückzuführen. Am 01.01.20X2 kauft das Unternehmen seine begebene Anleihe zu einem Preis von GE 950 zurück. Unter Anwendung von IFRS 9 stellen sich die relevanten Buchungen wie folgt dar: (2)

Emission der Anleihe zum 01.01.20x1:

Bank an Finanzielle Verbindlichkeit 1 000 GE

Folgebewertung der Anleihe zum 31.12.20x1:
Finanzielle Verbindlichkeit 50 GE an
Erträge aus finanziellen Verbindlichkeiten 20 GE
Neubewertungsrücklage 30 GE
Erfassung des Rückkaufs der Anleihe am 01.01.20x2
Finanzielle Verbindlichkeit an Bank 950 GE
Optionale Reklassifizierung innerhalb des Eigenkapitals am 01.01.20x2
Neubewertungsrücklage an Gewinnrücklage 30 GE

Weiterführende Literatur

(1) Bilanzierung finanzieller Verbindlichkeiten nach IFRS 9 (2010) Zugleich ein Update zum Beitrag aus xyxJL1yxyKoR 2010 S. 540 ff. xyxELyxy
aus Kapitalmarktorientierte Rechnungslegung, Heft 5 vom 2.5.2011, Seite 225 -

(2) Bilanzierung finanzieller Verbindlichkeiten nach ED/2010/4
aus Kapitalmarktorientierte Rechnungslegung, Heft 11 vom 2.11.2010, Seite 540

(3) Ergänzung zu IFRS 9 hinsichtlich Bilanzierung finanzieller Verbindlichkeiten veröffentlicht
aus Kapitalmarktorientierte Rechnungslegung, Heft

12 vom 2.12.2010, Seite 670

(4) Eigenmittel nach Basel III in der IFRS-Rechnungslegung
aus Zeitschrift für das gesamte Kreditwesen 10 vom 15.05.2011 Seite 490

Impressum

Bilanzierung finanzieller Verbindlichkeiten - Änderungsvorschläge des IASB

Bibliografische Information der deutschen Nationalbibliothek

Die Deutsche Nationalbibliothek verzeichnet diese Publikation in der deutschen Nationalbibliografie; detaillierte bibliografische Daten sind im Internet über http://dnb.d-nb.de abrufbar.

ISBN: 978-3-7379-1400-0

© 2015 GBI-Genios Deutsche Wirtschaftsdatenbank GmbH, Freischützstraße 96, 81927 München, www.genios.de

Alle Rechte vorbehalten. Dieses Werk ist einschließlich aller seiner Teile – z.B. Texte, Tabellen und Grafiken - urheberrechtlich geschützt. Jede Verwertung außerhalb der Grenzen des Urheberrechtsgesetzes bedarf der vorherigen Zustimmung des Verlags. Dies gilt insbesondere auch für auszugsweise Nachdrucke, fotomechanische

Vervielfältigungen (Fotokopie/Mikroskopie), Übersetzungen, Auswertungen durch Datenbanken oder ähnliche Einrichtungen und die Einspeicherung und Verarbeitung in elektronischen Systemen.